# UN MOT
## SUR
# LA FUSION
## DES
# PARTIS.

PAR UN FRANÇAIS

*Qui n'a jamais été d'aucun Parti.*

A PARIS,

Chez tous les Marchands de Nouveautés.

---

1817.

# UN MOT

## SUR LA FUSION DES PARTIS.

### *Qu'est-ce qu'un Parti dans l'État?*

AVANT l'établissement des Gouvernemens politiques sur la terre, les hommes étaient soumis à la loi du plus fort. Le besoin de se soustraire à cette loi tyrannique les réunit sous des chefs, et dès lors prit naissance l'ordre social. Les droits de la justice succédèrent à ceux de la force. Les institutions civiles de tous les peuples, tendent toutes à faire disparaître la loi du plus fort, devant la loi de justice, de sorte que l'on peut dire, à juste titre, que la justice est la fin que les hommes se sont proposés, lorsqu'ils se sont réunis en société politique.

Les premiers législateurs dûrent nécessairement employer tous les moyens les plus raisonnables pour consolider l'œuvre de la civilisation.

Des lois furent établies pour réprimer l'injustice, et prévenir le retour de ces temps malheureux, où l'homme, sans guides et sans lois, était obligé de défendre contre l'homme, tout jusqu'à son existence, et de succomber sans secours, s'il était le plus faible. Mais ces lois auraient été de beaucoup insuffisantes à cette époque, où l'esprit même le plus éclairé, devait se trouver bien loin de l'ensemble des détails, si l'idée que le créateur a placé dans le cœur de la créature d'une morale divine, n'eût fourni le moyen permanent de rendre les hommes meilleurs.

Voici comment s'exprime l'auteur d'un ouvrage inédit, dans un passage où, après avoir montré la nécessité d'une morale religieuse pour la civilisation des peuples, il indique l'existence de cette morale dans la politique de tous les législateurs. « Il n'a point existé de peuple sans religion, ni « sans culte public. — La connaissance de Dieu, « dégradée par la stupidité des hommes dans l'état « de nature, après l'anéantissement du gouver« nement paternel, parut cependant jusque dans « les faiblesses de la superstition. Les cultes des « faux Dieux, étaient du moins l'image du culte « du vrai Dieu. — Partout où l'on vit des hommes « réunis dans l'état de société, on vit aussi des « prêtres devenir les officiers d'une morale reli« gieuse, qui se rattachait, dans l'esprit des

« peuples, à des signes publics d'adoration, à des « actes collectifs et uniformes de reconnaissance « envers les Dieux, en un mot, à des cérémonies « religieuses. — Quoique ces diverses religions, « qui variaient selon le peuple, ne réunissent pas « en elles tous les moyens propres à rendre les « hommes meilleurs, cependant elles possédaient « quelques-uns de ces moyens, et ce sont elles « qui ont policé les premiers peuples sous les « gouvernemens politiques (1). — Ainsi les pre- « miers législateurs, les premiers Rois furent les « premiers pontifes, et les cérémonies d'un culte « public, firent partie du code des nations. »

La justice et la morale religieuse, ces deux grandes colonnes de l'édifice social, sont une chez toutes les nations; mais dans chaque nation, il existe des coutumes qui lui sont propres, qui ont pris naissance, se sont modifiées avec elle, et forment le code particulier, d'après lequel elle est gouvernée.

Une nation est donc constituée avec la justice et la morale, qui appartiennent à toutes les nations, et en vertu de coutumes qui lui sont propres.

---

(1) La révélation qui émane directement de Dieu, pouvait seule renfermer tous les moyens de civilisation. L'évangile est le code par excellence.

Maintenant que nous savons ce que c'est qu'une nation, et ce qui la constitue, il ne nous sera pas difficile de connaître ce que c'est qu'un parti, et quels sont les signes auxquels on peut le reconnaître.

Un parti dans l'état, étant le contraire d'une nation, la fin qu'il se propose et les moyens qu'il emploie, doivent être les contraires de la fin et des moyens d'une nation.

Or, la nation étant essentiellement dans les principes de la justice, de la morale, des anciennes coutumes ; parce qu'elle ne pourrait exister autrement ; le parti qui est le contraire de la nation, et qui veut usurper ses droits, ne peut y parvenir qu'en embrassant les principes contraires : le parti sera donc injuste, immoral et novateur.

Le défenseur de la justice, de la morale, des anciennes coutumes, sera l'homme de la nation. Celui qui, dans l'intérêt de son égoïsme, voudra renverser ces antiques bases de la prospérité publique, sera l'homme du parti.

La nation agit dans des intérêts généraux, qui ont existé pour les siècles passés, et qui devront exister pour les siècles à venir ; le parti agit dans des intérêts privés, qui n'ont d'existence que la vie de quelques individus, et qui changent avec des destinées particulières. Les actes du parti sont conséquemment égoïstes et provisoires ; ceux de la nation sont généreux et permanens.

La nation qui marche toujours vers le même but, et qui emploie toujours les mêmes moyens, est une et invariable, dans ses actions comme dans ses espérances. Le parti, qui change à tout moment de but et de moyens, selon le caprice des individus, ou la mobilité des circonstances, est divers et variable.

Ainsi, nécessairement injuste de sa nature, immoral et novateur, c'est-à-dire, illégitime, le parti, par l'effet de sa position fausse, devient essentiellemeut égoïste, provisoire, divers et variable.

*Application de ces principes à la Révolution Française.*

La nation Française avait près de treize siècles d'existence et de gloire, qu'elle devait à la pratique constante d'une morale religieuse, épurée par la religion chrétienne, que la nation à son berceau eut le bonheur de connaître et d'adopter. Les lois de la justice et de l'honneur, furent toujours le caractère dominant des Français qui, fidèles à ces grands principes du bonheur des peuples et de la prospérité des empires, ne le furent pas moins aux anciennes coutumes établies par leurs pères. Ces coutumes politiques, modifiées dans les détails, suivant le besoin des âges et l'expérience des siècles, ne le furent jamais dans les points fondamentaux. L'hérédité de la couronne resta toujours réglée de la même manière, et c'est surtout depuis l'avénement au trône de Hugues Capet, chef de la dynastie régnante, que la coutume régulatrice de cette hérédité, a reçu à plusieurs reprises, la sanction la plus solennelle, par le concours de tous les ordres du royaume, dans des circonstances, où son exécution rigoureuse sauva la nation des désordres de l'anarchie, ou de la domination d'un Prince étranger. Les effets heureux de cette loi, si célèbre sous le nom de *loi salique*, furent d'écarter toujours avec succès, les prétentions ambitieuses de l'intérieur et de l'extérieur, et de présenter dans l'histoire, le spectacle d'une nation conservant son existence prospère, à l'abri protecteur d'un trône légitime, sur lequel la même race royale a tenu sa place sans interruption, dans l'ordre prescrit par la coutume antique, pendant plus de huit siècles.

L'exemple du présent était le gage de l'avenir. Un parti criminel eut l'air de penser autrement, et il agit en conséquence de l'intérêt de quelques ambitions privées. Sans doute, pendant treize siècles d'existence, quelques abus avaient dû se glisser dans la marche des affaires publiques ; mais fallait-il détruire la nation pour améliorer son état ? Cette étrange proposition pourra être justifiée, lorsqu'on adoptera celle-ci, savoir, que le moyen de guérir le malade, est de le tuer.

L'état devait être amélioré; à la nation seule appartenait le soin de ces améliorations. Des hommes audacieux, fondant criminellement le triomphe des intérêts privés sur le bouleversement des intérêts généraux, furent immoraux, parce qu'ils voulaient être injustes et novateurs, parce que leur ambition ne trouvait de probabilité de succès, que dans le cahos des choses nouvelles.

On commença par attaquer la morale publique. La Religion qui la distribue en l'épurant, fut en butte aux attaques dirigées contre elle, par la secte philosophique du dix-huitième siècle. C'est en vain que la mauvaise foi s'armerait de toutes pièces pour contester ce fait historique; il existait un plan concerté pour abattre l'infâme (1). On n'en voulait pas à la religion, parce qu'elle était la religion, mais bien parce que sous l'empire de la religion, se faisait sentir l'influence d'une morale qui contrariait les projets d'un parti. On voulait entraîner la multitude à la révolte; il fallait à la fois la tromper et la démoraliser. Appuyés de l'histoire accusatrice de ces temps funestes, il ne nous sera pas difficile de prouver qu'on ne voulait

---

(1) Cest ainsi que Voltaire et d'Alembert désignaient la Religion, dans leur correspondance *philosophique*.

*

pas plus d'une morale purement humaine, que de la morale divine; qu'on ne voulait d'aucune morale quelconque. Je ne parlerai que de ce poème trop célèbre du chef du parti, dans lequel les bonnes mœurs et l'esprit national, sont encore plus maltraités que la religion. C'est dans cet ouvrage, méprisable aux yeux de tout bon français, de tout honnête homme, que Voltaire semble avoir réuni toutes les ordures du cynisme le plus déhonté, pour prêcher à la nation française l'immoralité, le mépris de son antique gloire, l'injustice la plus vile, envers une héroïne qui sauva la France, en un mot, l'abandon de tous les principes conservateurs, qu'elle avait religieusement respectés jusqu'alors.

Les premières attaques combinées, contre la morale, la justice, les anciens souvenirs et les coutumes antiques, ont été dirigées par la secte philosophique; c'est par la secte philosophique que nous commencerons la liste des divisions et des subdivisions du parti qui a préparé, opéré, soutenu la Révolution française. Quoique différens par la forme, ces *partis* se ressemblent tous par le fond. Détruire tout ce qui est légitime et qui profite à la masse, c'est-à-dire, à la nation, pour créer des usurpations qui ne profitent qu'à eux, voilà la fin commune qu'ils se proposent. Prendre et reprendre, tour-à-tour, toutes les formes selon les circonstances, voilà le fond de leur tactique pour réussir ; ne connaître d'autre loi que celle du plus fort, aspirer à devenir les plus forts, pour avoir la liberté de satisfaire toutes leurs passions, de commettre toutes les injustices, voilà toute leur morale et toute leur politique ; en cas de succès, se diviser et se subdiviser à l'infini, pour des intérêts individuels, telle est la conséquence nécessaire de leur égoïsme ambitieux ; en cas de défaite générale, se rallier tous contre la Nation et le Roi légitime, se promettant, après le triomphe, de se partager ou de se disputer entr'eux, le prix de la victoire ; voilà toute leur concorde. Et nous pouvons ramasser tous ces traits dans un coup de pinceau, en répétant ce que nous avons déjà dit, que le parti est de sa nature injuste, immoral et novateur, c'est-à-dire, illégitime, et que, par l'effet de sa position fausse, il devient essentiellement égoïste, provisoire, divers et variable. C'est à ces marques distinctives, que nous avons reconnu le parti révolutionnaire, dans l'histoire de ce qu'il a fait ou de ce qu'il a voulu faire, par ses divisions et par ses subdivisions. Tout lecteur qui voudra bien ne pas se refuser à l'évidence, en jugera comme nous.

Qu'a fait le parti philosophique ? Il a cherché à jeter la nation française dans une démoralisation totale ; il a prêché des maximes subversives de l'ordre social (1), et pourquoi? Afin de créer un nouvel ordre de choses, avec lequel les prétendus régénérateurs de la nation, s'en seraient trouvés les maîtres.

Qu'ont fait les Orléanistes? Ils ont corrompu le peuple à prix d'argent; ils ont entraîné des assassins gagés, au meurtre des citoyens honnêtes; ils ont assassiné leur Roi; et pourquoi? Afin de mettre sur le trône un mannequin politique, au nom duquel ils se flattaient de gouverner la France selon leur bon plaisir.

Qu'ont fait les Brissotins, les Feuillans, les Girondins? Tantôt monarchiques, tantôt démocrates, selon les circonstances et l'intérêt de leur ambition, d'abord ils ont voulu la déchéance de l'infortuné Louis XVI; et pourquoi? Afin de profiter de la minorité d'un enfant Roi, pendant laquelle ils se flattaient de diriger les affaires publiques. Plus tard, ils ont voté la mort du Roi martyr, et la déchéance de la royauté; et pourquoi? Parce que l'expectative de l'état républicain, qu'ils n'osaient prévoir auparavant, offrait un champ plus vaste à leur politique ambitieuse.

---

(1) Tout jusqu'au régicide !!!... Lisez ces vers *philosophiques* de Diderot :

« Et du boyau du dernier prêtre,
« Serrer le cou du dernier Roi.

Qu'ont fait les Maratistes, les Dantonistes, les Roberspierristes ? Après avoir écrasé toutes les autres factions, sous le poids de leurs sanglans décrets ; après avoir étendu sur la France, muette de terreur, le crêpe de la mort, ils se sont entre-déchirés ; et pourquoi ? Parce que chaque faction voulait porter son chef au pouvoir, afin de régner seule sur les autres factions et sur la France.

Qu'ont fait les Thermidoriens ? Effrayés du pouvoir qu'ils avaient concouru à déposer dans les mains de Roberspierre, et craignant pour eux-mêmes l'effet de ce pouvoir terrible, ils ont renversé l'homme de la terreur ; et pourquoi ? Afin de se délivrer d'un danger imminent, et de retirer à eux la puissance qu'ils arrachaient au tyran vaincu.

Qu'ont fait les Fructidoriens ? Voyant que la nation, rendue un moment à une espèce de liberté, s'en servait pour réclamer tous ses droits et préparer les moyens de rappeler le souverain légitime; ils ont rappelé les révolutionnaires, comprimé les royalistes, et replacé de nouveau la France sous la terreur des persécutions ; et pourquoi ? Parce que le retour du Roi légitime, conservateur intéressé de la loi de justice, devant nécessairement mettre fin à toutes les usurpations, et relever l'intérêt général, injustement violé aux dépens d'intérêts privés, injustement acquis, ils voyaient avec une espèce de terreur, dans l'avenir, le succès de leur injustice, disparaître devant le gage du bonheur de tous.

Qu'ont fait les Buonapartistes? Justement convaincus du peu de solidité de tous ces gouvernemens provisoires, et de l'ineptie des derniers directeurs, ils ont appelé à la tête du gouvernement, un homme qui, par l'éclat de sa réputation militaire, pût donner un nouvel essor à la marche des affaires publiques; et pourquoi? Dans l'espoir que le gouvernement révolutionnaire, devenu fort, serait un obstacle insurmontable au retour du Roi légitime, qui devait nécessairement mettre fin au triomphe du crime. C'en était fait de la légitimité, si la légitimité pouvait succomber sans ressource, sous les efforts d'un parti. Le premier chef-d'œuvre du crime révolutionnaire, fut de porter Buonaparte au consulat; le second de l'élever à l'empire: l'usurpation de la couronne pouvait seule consacrer toutes les autres usurpations.

Telle est l'histoire politique du parti révolutionnaire. Nous aurions pu sans doute compléter ces portraits historiques, par un tableau général de toutes les actions honteuses, ou criminelles, que rappellent tant de noms, malheureusement célèbres, que nous venons de citer. Nous aurions vu dans l'intérêt, et par l'ordre de quelques individus, la nation sacrifiée aux factions rebelles, le plus honnête des hommes, le meilleur des Rois, traîné sur l'échafaud comme un vil criminel; la Reine la plus auguste, souillée du souffle impur de la calomnie la plus vile; Madame Élisabeth, honorant de sa résignation sublime, la prison et la mort des scélérats, comme au milieu des pompes de la Cour, elle avait édifié le monde de l'éclat de toutes les vertus; l'Auguste Enfant, héritier présomptif de la couronne, et Roi, par l'assassinat du Roi martyr, assassiné lui-même par des persécutions journalières, les plus barbares que la scélératesse humaine ait pu inventer; le sang des sujets fidèles, coulant à grands flots, sous la hache homicide; la faiblesse d'un sexe timide, de l'enfance, de la vieillesse, sans pouvoir pour désarmer la rage des bourreaux. Nous aurions vu les mariages républicains, les noyades civiques, les mitraillades de la ville affranchie; sur toute la surface de notre malheureuse patrie, le crime féroce donner des fers et la mort à la vertu, et rien qu'à la vertu; les talens, l'honneur, l'amour de la patrie, le dévouement au Roi légitime, sacrifiés à la stupidité, à l'infamie, à l'égoïsme, à la rebellion; les biens des victimes, devenir la proie de leur bourreaux, et les fils de ceux qui avaient péri pour la justice, mendier le pain de la douleur, à la porte des assassins et des spoliateurs de leurs pères. Nous aurions vu la France entraînée sur l'Europe, pour consacrer des droits usurpés ; des plaines fameuses inondées du sang européen ; l'Europe se repliant sur elle-même, se déroulant avec fracas sur cette France, instrument trop volontaire du parti de l'usurpation, et repoussant deux fois dans son sein, le fléau dévastateur de la guerre ; enfin, des millions de victimes, succombant sous la hâche des bourreaux, ou par le fer des combats, offrir aux peuples et aux Rois de la terre, la terrible expérience des maux qu'entraîne à sa suite, le triomphe momentané d'un parti sur une nation, de l'usurpation sur la légitimité, de la démoralisation sur la morale, de l'injustice sur la justice.

Ce parti est-il éteint en France? n'existe-t-il pas en Europe? Il me serait trop facile de prouver des vérités terribles pour toutes les nations. Entièrement occupé de mon pays, je ne parlerai dans ce moment que de mon pays. Oui, il existe encore en France des factions rebelles, ou plutôt il n'existe qu'UN PARTI ; toutes les factions se sont ralliées sous la même bannière, pour repousser leur ennemi commun, qui est la légitimité. Grands politiques, qui nous parlez avec tant d'emphase de *la fusion des partis*, cette fusion s'est opérée ; mais elle s'est opérée contre la légitimité. Voilà la seule fusion possible, la seule qui se soit faite, celle dont les cent jours nous offrent un exemple frappant, et qui doit être pour nous, tout ce que doit être l'expérience pour des hommes, qui ont la sagesse de consulter de bonne foi, ce gr nd précepteur du genre humain. La fusion des partis ne peut donc s'opérer qu'au détriment de la légitimité, à moins que l'on n'eût la prétention de considérer en France, les royalistes comme un parti; et alors sans doute, il serait possible de concevoir la fusion du parti révolutionnaire, avec le prétendu parti royaliste; mais cette prétention serait ridicule, si elle n'était criminelle.

En effet, la fusion suppose que chacune y mettant du sien, les deux parties ne feront qu'un tout, et qu'après des concessions réciproques faites de l'un à l'autre parti, il n'y aura plus en France qu'*un parti*; mais voilà le ridicule, car en résultat, il ne doit pas rester un parti dans l'état, puisque qui dit parti, dit quelque chose qui n'est pas la nation, et que la nation survivant à tous les partis, peut seule continuer l'œuvre de la civilisation, faire renaître le règne de la justice, de la morale et des vieilles mœurs, et opérer, comme par le passé, le bonheur des individus, et la prospérité de la masse. Dans ce sens, la fusion des partis est au moins un projet ridicule; elle devient un projet criminel, lorque l'on considère que les partisans présupposent, et ont la prétention d'établir que la nation est réellement un parti; qu'en France, par exemple, ce qu'on appelle *royalistes* (qui sont la nation, parce qu'il faut bien que la nation soit quelque part, et qu'il serait impossible de la trouver dans toute autre catégorie); ce qu'on appelle *royalistes*, dis-je, doit être confondu avec le *parti* qui eut des principes contraires. Eh, quelles seraient, grand Dieu! les concessions qu'auraient à faire, à ceux qui ont été rebelles, ceux qui ont été fidèles, à ceux qui ont été injustes, ceux qui ont été justes, à ceux qui ont été criminels, ou qui ont agi d'après des principes criminels, ceux qui furent toujours purs, et qui ont agi d'après des principes vertueux? C'est vouloir insulter à tout ce qu'il y a de plus sacré sur la terre; c'est prétendre établir, dans l'intérêt de tout ce qu'il y a de plus vil, une opération impossible, car rien de plus impossible que de confondre deux contraires, de faire la fusion du crime avec la vertu.

Ce projet est d'autant plus criminel, qu'il a pour double but et pour double résultat, de diminuer, en voulant confondre avec la vertu, l'horreur que l'on doit ressentir pour le crime, et en voulant la confondre avec le crime, de dégrader la vertu aux yeux des hommes. Nous reconnaissons ici les signes distinctifs du parti, qui toujours va démoralisant, prêchant l'injustice, et cherchant à mettre à la place des anciennes doctrines, dont l'influence le gêne et contrarie sa marche, l'influence d'une doctrine nouvelle qui peut être favorable à ses projets.

Le parti est ici toujours le même, injuste, immoral et novateur, c'est-à-dire, illégitime. Il existe encore en France, tel qu'on pourrait vulgairement le désigner sous le nom de *jacobinisme*. Le jacobinisme en effet semble être depuis le commencement de la Révolution française, le principe et la fin de toutes les autres divisions et subdivisions du parti. A mesure qu'une faction est tombée sous une autre faction, ses membres épars sont venus se réunir dans la masse impure d'où ils étaient éclos, et maintenant que toutes les factions sont réduites à un silence *légal*, par le triomphe de la nation, et la présence du Roi légitime, elles sont toutes réunies dans un même intérêt, contre la nation et la légitimité.

La position réciproque du parti et de la nation étant ainsi bien connue, il reste à savoir par quels moyens la nation pourrait parvenir à diminuer la force matérielle du parti, pour en augmenter la sienne, sauver le parti de ses propres fureurs, et se préserver elle-même d'une nouvelle catastrophe.

*Moyens à employer pour diminuer la force du Parti, augmenter celle de la Nation, sauver le Parti de ses propres fureurs, et préserver la Nation d'une nouvelle catastrophe.*

Nous commencerons par examiner de quels élémens se compose actuellement en France le Parti, afin de mieux apprécier l'application des moyens propres à consolider le salut de la Nation.

On peut diviser les membres du parti en trois classes :

1.° Celle des français égarés par des fausses doctrines, mais qui ont reconnu la folie de leurs égaremens passés ;

2.° Celle des français égarés par des fausses doctrines, et qui persistent encore dans leurs égaremens ;

3.° Celle des français qui se sont rendus coupables d'un, ou de plusieurs crimes, par l'effet de fausses doctrines politiques.

Dans la première catégorie, je vois des français dignes de redevenir encore les hommes de la nation, et par conséquent, ils doivent entrer dans le système de la légitimité, avec les mêmes droits à la considération politique, que ceux qui n'ont jamais dévié de la route légitime, parce que, partageant *sincèrement* les mêmes principes, et devant à l'avenir servir *également* la même cause, il est juste qu'ils puissent jouir des mêmes chances favorables, puisqu'ils sont exposés aux mêmes chances défavorables.

Mais pour admettre ces anciens partisans dans cette catégorie, la prudence exige qu'on soit bien convaincu de leur retour *sincère* aux vrais principes. Je ne connais pas de meilleur juge à ce sujet, que l'opinion publique qui prononce sur l'ensemble d'une réputation, et par surabondance des gages donnés à la légitimité dans des temps difficiles. Nous avons eu un moyen presque sûr d'éprouver les nouveaux convertis; une expérience, fatale sous tant d'autres rapports, nous l'a fourni; profitons-en, puisque c'est le seul bien que nous ayons à en retirer. Celui qui a franchement résisté au torrent des cent jours, est l'homme de la nation. Mais cette épreuve serait encore insuffisante pour juger de toutes les conversions politiques, et je suis forcé de rappeler la décision importante de l'opinion publique qui, lorsqu'elle est une et locale, doit être essentiellement juste. Car tel dans les cent jours a manqué d'une certaine force de caractère pour résister à l'usurpation, qui n'en est pas moins le serviteur bien connu de la légitimité; et tel autre, habile calculateur de la chance mauvaise, qui devait être le résultat inévitable de la tentative de Buonaparte, a fait une espèce de résistance aux ordres du tyran, et n'en est pas moins bien connu pour être l'ennemi de la légitimité.

Dans la seconde catégorie, je vois des hommes encore égarés ; mais toujours des français qui peuvent revenir à la nation. En conséquence, la nation les protégera, en les éloignant toutefois des fonctions publiques, afin de ne pas compromettre la sureté de l'état. Personne ne peut rien sur leur pensée, qui est une propriété sacrée ; mais le gouvernement doit les surveiller en masse, et veiller sur leurs actions présentes, dans l'intérêt de tous.

Dans la troisième catégorie, je ne vois que des crimes, et non les coupables qui ne sont plus français. Ces hommes criminels doivent subir la peine due à leurs forfaits, et ils la subiront, si quelque raison d'état ne s'oppose à l'application rigoureuse de la peine, qui peut-être envelopperait trop de personnes. Mais dans le cas d'un pardon même général, dont le droit appartient au Souverain, ces hommes entachés de crime, devraient être soumis à des peines quelconques, afin de consacrer les droits imprescreptibles de la justice distributive. Ces peines pourraient être, suivant le sujet, la déportation, le bannissement, l'emprisonnement, à temps, ou perpétuel, et surtout des amendes judiciaires, ou législatives, peine la plus utile, la plus juste et la plus facile à appliquer, puisqu'après une rebellion prolongée, les grands criminels du parti, ont dû généralement amasser de grands trésors, fruit injuste de la spoliation de l'état, ou de celle des hommes de la nation.

TELLES sont les réflexions que j'ai faites, sur la position actuelle de ma patrie, dans toute la sincérité de ma conscience, et dans toute la justice des principes. Ces réflexions seront senties de tout ce qui est vraiment français. S'il existe une coterie politique qui ne sache point, ou qui ne veuille point les apprécier, qui ose même les combattre, le temps n'est pas éloigné, où la nécessité de vouloir ce qui est juste pour tout le monde, ne paraîtra plus une injustice aux yeux de personne. Alors il pourra bien exister, comme il existera malheureusement toujours, quelques hommes criminels qui rêvent le malheur de la masse, dans l'intérêt de leur égoïsme; mais trop peu nombreux, trop isolés, pour former un parti redoutable, l'impuissance de nuire les forcera d'adopter, en apparence, les principes qui font le bonheur et la gloire de la nation... Et cela arrivera, malgré toute opposition contraire, un peu plutôt, un peu plus tard, suivant des circonstances plus ou moins opportunes; mais cela arrivera infailliblement, car le parti a dans son sein, les germes de sa propre destruction, et la nation porte avec elle, tous les moyens de conservation et de salut.

A MONTPELLIER,
Chez TOURNEL Frères, Imprimeurs
de S. A. R. MONSEIGNEUR, Duc d'Angoulême,
rue Aiguillerie, n.° 43.

1817.

www.ingramcontent.com/pod-product-compliance
Ingram Content Group UK Ltd.
Pitfield, Milton Keynes, MK11 3LW, UK
UKHW020541230726
13925UKWH00006B/2415

9 782014 043273